# 아이와 함께
# 생성형 AI

# 아이와 함께
# 생성형 AI

정훈탁 지음

좋은땅

- 생성 AI에 대한 관심이 아직도 뜨겁습니다. 교육계에서도 생성 AI에 대한 관심이 많습니다. 정말 생성 AI를 아동들에게 가르쳐야 할지 혹시 부작용은 없을지 아직도 팽팽한 논의가 진행되고 있고 그 논의의 정답은 아직 누구도 모릅니다. 다만 제가 말씀드릴 수 있는 사실은 우리의 아이들은 생성 AI와 함께 살아갈 거고 그것은 어쩔 수 없는 일이라는 것입니다. 피할 수 없다면 미리 경험을 해 보는 일은 그리 나쁜 것일 거라고 생각할 필요는 없을 것입니다. 그래서 제가 학교 현장과 아이를 키우면서 함께했던 아이들이 쉽게 참여할 수 있는 생성 AI와 관련된 프로젝트들을 이 책에 담았습니다. 최대한 쉽게 쓰기 위해 노력했고 활동을 하면서 겪었던 교육적 관점도 담았습니다. 다가오는 미래의 아이들은 AI와 함께할 것입니다. 이 책으로 아이들이 AI전문가가 되지는 않겠지만 아이들이 AI를 경험해 보게 할 수는 있을 겁니다. 그것은 작지만 큰 차이가 될 수도 있습니다.

# 목차

# 1장

# 생성 AI란 무엇인가?

## 1.1 인공지능(AI)이란?

### 인공지능이란 무엇일까?

- 대부분의 사람들은 컴퓨터나 스마트폰을 일상적으로 사용합니다. 이러한 기기에서 실행되는 앱이나 게임들은 프로그래머들에 의해 만들어집니다. 프로그래머들은 컴퓨터에게 수행할 작업을 지시하는 코드를 작성합니다. 이 코드가 없다면 컴퓨터는 주어진 작업을 수행할 수 없습니다.

- 하지만 최근에는 명령어 없이도 스스로 학습하고 판단할 수 있는 기술, 즉 인공지능이 개발되었습니다. '인공'은 인간에 의해 만들어진 것을 의미하며, '지능'은 지적 능력을 가리킵니다. 인공지능은 인간과 유사하게 말하고, 듣고, 보고, 글을 쓰는 등의 능력을 가질 수 있습니다. 현대 사회에서는 인공지능이 일상생활에 점점 더 중요한 역할을 하게 되고 있으며, 우리 모두가 이 기술과 상호작용하게 됩니다.

### 인공지능의 종류는 어떤 것들이 있을까?

- 인공지능은 크게 세 가지 종류로 나눌 수 있습니다. 첫 번째는 약한 인공지능입니다. 약한 인공지능은 한 가지 일만 잘할 수 있는 인공지능입니다. 예를 들면 한때 이세돌을 이겼던 알파고 같은 것들입니다. 알파고는 바둑은 누구보다 잘하지만 알파고에게 모든 일을 시킬 수는 없습니다. 알파고는 바둑만을 위한 약한 인공지능이기 때문이지요.

- 두 번째는 강한 인공지능입니다. 강한 인공지능은 여러 가지 일을 다 잘할 수 있는 인공지능입니다. 강한 인공지능은 모든 분야의 일을 인간처럼 잘할 수 있는 인공지능입니다. 예를 들어 〈어벤져스〉라는 영화에 나왔던 자비스를 예로 들 수 있습니다. 아이언맨은 자비스에게 전혀 다른 일들에 대해 명령을 내리지만 자비스는 별다른 모델의 변화 없이도 서로 연관성이 없어 보이는 일들을 잘 해냅니다. 과학자들과 프로그래머들은 이러한 강한 인공지능을 만들어 내기 위해 노력하고 있습니다.

- 세 번째는 초인공지능입니다. 강한 인공지능이 더욱 발전하여 모든 분야에서 인간을 앞도하는 인공
지능을 말합니다. 인간이 전혀 모르는 미지의 분야도 스스로 척척 해내는 인공지능입니다. 이러한 인
공지능은 모든 분야에서 사람의 이해를 넘어서고 인간의 모든 일들을 대신하거나 혹은 인간을 정복
할지도 모르죠 이러한 변화를 과학자들은 인공지능 특이점이라고 합니다. 그리고 우리는 인공지능의
특이점을 눈앞에 두고 있는지도 모릅니다.

## 1.2 생성 AI란?

**생성 AI란 무엇인가요?**

**생성 AI가 그린 그림**

복있는 가정에 자라는 아이들,
숭고한 지성과 아름다운 영향력으로
아름다운 세상을 이루리라 믿으며.

**생성 AI가 쓴 삼행시**

- 여러분은 그림을 그리거나 노래를 부르거나 이야기를 만들거나 하는 것을 좋아하나요? 과거 아니
2~3년 전까지만 해도 그런 것들은 컴퓨터가 전혀 할 수 없는 것으로 여겨졌습니다. 왜냐면 그런 것들
은 인간의 상상력과 창의력을 보여 주는 것들이거든요. 하지만 최근에 그러한 생각들은 틀린 것들이
되어 버렸습니다. 이제는 컴퓨터가 그림도 그려 주고 글도 써 주고 심지어 음악도 만들어 줍니다. 심
지어 꽤 잘하기까지 합니다. 누군가는 이러한 변화를 두려워하지만 이 책을 읽고 있는 여러분은 즐거
워하길 바랍니다.

## 생성 AI가 생겨난 게 왜 즐거운 일이지요?

- 여러분도 모든 것을 다 잘할 수는 없습니다. 예를 들면 여러분이 좋아하는 만화책의 주인공처럼 멋진 그림을 그리고 싶어도 어려울 수 있고, 또는 여러분이 좋아하는 가수처럼 멋진 노래를 부르고 싶어도 어려울 수 있습니다. 여러분이 좋아하는 작가처럼 재미있는 이야기를 만들고 싶어도 어려울 수 있어요. 그런데 요즘에는 컴퓨터에 여러분을 도와줄 수 있는 친구가 생겼습니다. 바로 생성 인공지능입니다. 생성 인공지능은 사람이 만든 것들을 보고 배우고, 새로운 것들을 만들어 내는 컴퓨터입니다. 생성 인공지능은 사람보다 더 잘 그리고 더 잘 부르고 더 잘 만들 수 있습니다. 생성 인공지능은 여러분의 상상력과 창의력을 실행시켜 주는 친구가 될 수 있습니다.

## 생성 AI로 무엇을 할 수 있나요?

- 여러분이 상상하는 그림을 단지 몇 마디의 명령어로 화가 뺨치게 심지어 사진처럼 그려 줄 수 있습니다. 여러분의 가족사진을 그럴듯한 좀비 영화의 한 장면으로 편집하는 것도 가능합니다.
  여러분이 책을 쓴다면 그럴듯한 책의 목차를 추천해 주며, 유튜버가 되고 싶다면 주제의 스크립트를 써 주는 것도 가능합니다.
  여러분이 영어를 공부할 때 필요한 영어자료를 만들어 주는 것은 물론이며 잘못된 작문을 고쳐 줄 수도 있습니다.

## 생성 AI를 아이도 할 수 있나요?

- 물론 초등학생 정도의 아이들에게 생성 AI 활동을 아이 혼자 하게 하는 것은 위험합니다. 생성 AI는 좋은 기술이지만 완전히 통제하기 어려운 기술입니다. 어떤 답변이나 그림이 나올지 정확히 알 수 없습니다.

- 그렇다고 아이들이 마냥 생성 AI를 멀리할 수도 없습니다. 세상을 바꿀 새로운 기술을 아이들과 함께 먼저 경험하게 된다면 아이들에게 큰 기회가 될 수 있습니다.

- 그래서 보호자가 아이와 함께 겸험해 보는 걸 추천합니다. 그래서 이 책에서는 아이와 함께할 수 있는 간단하고 쉬운 활동들만 다뤘습니다. 아이 혹은 여러분이 이러한 활동으로 홍미를 얻는다면 좋겠습니다.

### 생성 AI가 어떻게 그림을 그리나요?

- 이 책에서는 생성 인공지능(AI)의 복잡한 원리에 대해 자세히 다루지 않습니다. 하지만, 어떻게 인공 지능이 그림을 그리는지 이해하는 데 도움이 될 수 있도록 기본 원리를 설명하겠습니다. 여러분이 그 린 그림을 진짜와 가짜로 구별하는 것은 쉽지 않을 수 있습니다. 우리가 친숙한 주변 사람들이라면 이를 판단할 수 있지만, 컴퓨터는 인간과 다르게 작동합니다.

- 컴퓨터는 창의력이 부족하기 때문에, 사람이 만든 그림과 비슷한 것을 생성하기 위해서 학습이 필요 합니다. 이 과정에서 '경쟁 학습'이라는 방법이 사용됩니다. 한 컴퓨터는 사람처럼 그림을 그리려고 시도하고, 다른 컴퓨터는 그 그림을 사람이 그린 것인지를 판별합니다. 이 반복적인 과정을 통해, 한 컴퓨터는 인간의 그림을 더 잘 모방하게 되고, 다른 컴퓨터는 그림을 판별하는 능력을 향상시킵니다. 생성 인공지능이 그림을 그리는 원리는 다양하지만, 이 책은 인공지능의 활용에 중점을 두고 있으므 로, 더 깊은 이해를 원하신다면 추가적인 자료를 찾아보시는 것을 권장합니다.

### 생성 AI에는 어떤 것들이 있나요?

- 생성 인공지능(AI) 기술은 다양한 형태로 존재하며, 그중 두 가지 주요 예시는 글을 쓰는 AI와 그림을 그리는 AI입니다.

- 챗GPT: 챗GPT는 OpenAI라는 회사에 의해 개발된 대화형 인공지능입니다. 이 AI는 광범위한 주제에 대해 대화를 할 수 있으며, 사용자에게 유용하고 흥미로운 정보를 제공할 수 있습니다. 챗GPT는 사 용자의 질문이나 관심사에 대해 상호작용하는 데 사용될 수 있습니다.

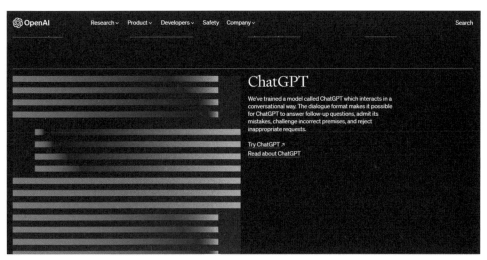

챗GPT를 만든 openAI 홈페이지

- 스테이블 디퓨전: 스테이블 디퓨전은 사용자가 입력한 텍스트에 기반하여 이미지를 생성하는 인공지능 기술입니다. 2022년에 공개된 이 모델은 공개적으로 사용할 수 있게 되면서 빠르게 발전하고 있습니다. 이 기술은 사용자의 요구에 맞는 이미지를 실시간으로 생성할 수 있는 능력을 가지고 있습니다.

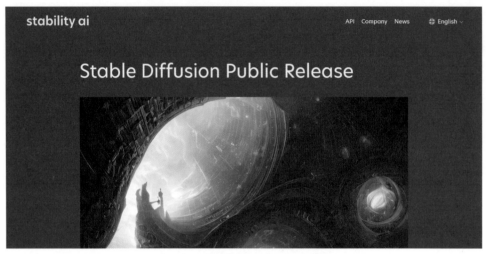

스테이블 디퓨전을 만든 stability.ai 홈페이지

## 나도 생성 AI를 사용할 수 있나요?

- 생성 인공지능(AI) 기술의 접근성과 사용 용이성은 매우 중요합니다. 만약 이러한 기술이 고가이거나 사용하기 어렵다면, 이 책을 집필하는 것에 의미가 없었을 것입니다. 저는 다양한 생성 AI를 쉽게 접근하고 사용할 수 있는 방법을 찾기 위해 많은 노력을 기울였습니다. 제 경험에 따르면, 현재 사용 가능한 생성 AI는 대부분 사용하기 매우 쉽습니다. 가장 큰 장벽은 종종 회원가입 과정일 정도입니다.

- 저를 믿고 따라와 주신다면, 여러분도 분명 생성 AI를 활용하여 새로운 경험을 할 수 있을 것입니다. 특히 아이들과 함께할 수 있는 프로그램들을 준비했습니다. 이제 함께 생성 AI의 세계로 뛰어들어 보시죠. 이 기술이 여러분의 일상생활, 업무, 창작 활동에 어떻게 도움이 될 수 있는지 탐색해 보는 것이 이 책의 목표입니다.

# 2장

# 생성 AI와의 첫 만남!

## 2.1 챗GPT와의 첫 이야기

**무엇부터 해야 하나요?**

- 일단 구글에 회원가입을 해야 합니다.

컴퓨터의 chrome, internetExplorer, MicrosoftEdge 등의 웹브라우저를 찾아 클릭합니다.

검색창에 '지메일'이라고 칩니다.

상단의 '계정 만들기'를 클릭합니다.

성, 이름, 사용자 이름(이메일명), 비밀번호 적고 다음 클릭합니다.

전화번호(필수는 아니나 적지 않으면 이메일이나 비밀번호를 잊어버리면 찾을 수 없습니다), 생년월일, 성별을 적고 다음을 클릭합니다.

이용약관에 동의하고 '계정 만들기' 클릭

이메일과 비밀번호를 꼭 기억합니다.

- 이제 OpenAI에 가입합니다.

검색창에 OpenAI를 검색합니다.

openAI.com을 클릭합니다.

마우스 스크롤을 내려서 trychatGPT를 찾아 클릭합니다.

혹은 검색창에 chat.openAI.com을 칩니다.

아래와 같은 화면이 나와야 합니다.

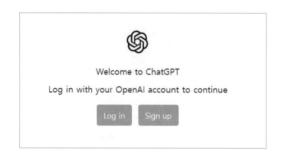

sign up을 클릭합니다.

continue with google을 클릭합니다.

아까 만들어 둔 구글 이메일, 비밀번호를 씁니다.

이름과 성을 넣고 클릭

전화번호를 넣고 인증코드를 받습니다.

아래와 같은 화면이 나오면 챗GPT와의 첫 만남에 성공한 것입니다!

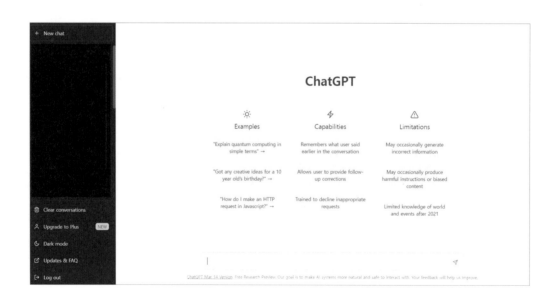

- 챗GPT와 첫 대화 해 보기!

이제 챗GPT와 첫 대화를 해 보겠습니다.

대화의 방법은 아래쪽의 검색창 같은 창에 하고 싶은 말을 쓰고 엔터키를 누르면 끝입니다. 물론 더 잘 대화하는 방법은 차차 배우겠지만 지금은 첫 만남을 자유롭게 즐기세요. 아무 말이나 처 보고 어떻게 대답하는지 봅시다! 저는 첫 만남인 만큼 인사로 시작했습니다.

---

안녕하세요 저는 알테마입니다


안녕하세요, 알테마님! 저는 ChatGPT라고 합니다. 무엇을 도와드릴까요?     👍 👎

---

저는 이렇게 챗GPT와 첫 대화를 시작했습니다. 여러분은 어떤 대화를 해 보았나요? 어떤 대화이든 재 밌었길 바랍니다. 이제 여러분은 AI와의 첫 만남을 성공적으로 시작했습니다. 최대한 자유롭게 많은 대화를 나누길 바랍니다. AI와의 대화로 새로운 기술에 대한 두려움을 없애고 적응해 나가 봅시다. 충분히 대화를 나누었으면 이제 잠시 설레는 만남을 접어 두고 두 번째 친구를 만나러 가 봅시다. 누구냐고요? 이제 여러분의 두 번째 친구가 될 화가를 만나러 갑니다!

## 2.2 스테이블 디퓨전과 함께하는 나의 첫 그림

### 무엇부터 해야 하나요?

스테이블 디퓨전은 stability.ai에서 배포한 모델이지만 어떤 사이트에서도 자유롭게 할 수 있게 하여서 사용할 수 있는 사이트가 많습니다. 물론 stability.ai 홈페이지에서도 사용할 수 있지만 비용이 들기 때문에 무료로 사용할 수 있는 사이트로 가 봅시다. 제가 추천하는 사이트는 playgroundai.com입니다. 스테이블 디퓨전의 모델들을 무료로 사용하여 하루에 500장씩 그림을 만들 수 있고 여러 가지 필터 기능이 있어서 그림을 다양하게 만들 수 있습니다.

그림 그리는 AI는 아직 불안정하여 이상하거나 선정적인 그림이 나올 수 있습니다. 그림을 그릴 때는 보호 자가 먼저 실행하여 확인하고 보도록 합니다.

검색창에 playgroundai.com를 칩니다.

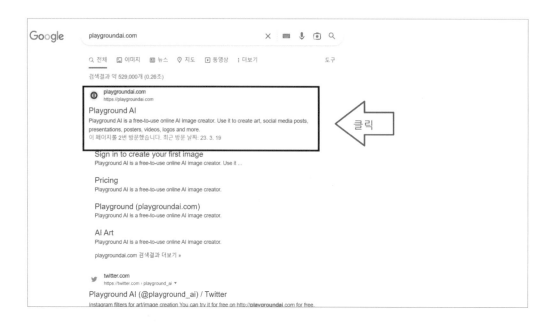

우측 상단의 sign up을 클릭합니다.

continue with google이 나옵니다. 구글 아이디와 비밀번호를 넣으세요.

아래와 같은 화면이 나오면 성공입니다.

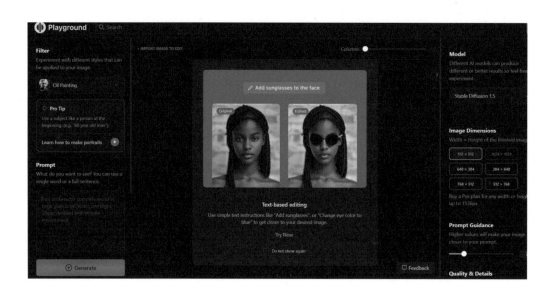

이런 아까 사용했던 챗GPT보다 훨씬 복잡한 화면입니다. 하지만 걱정 마세요. 제가 하나하나 다 알려

드리겠습니다. 먼저 중앙의 창의 오른쪽 위쪽의 X 표시를 클릭해서 창을 지워 주세요.

## 당신의 첫 AI 그림

자 이제 여러분의 첫 그림을 그릴 시간입니다. 그런데 안타깝게도 챗GPT와는 다르게 스테이블 디퓨전은 한글을 잘 모릅니다. 그래서 명령어를 영어로 쳐야 합니다. 물론 복잡한 그림을 그리려면 복잡한 명령어가 필요합니다. 하지만 지금은 우리의 첫 그림이니까 쉬운 명령어로 시작합시다. 나는 갑자기

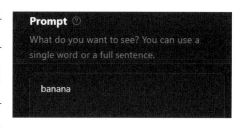

배가 고파져서 banana를 그려 보고 싶어졌습니다. 그럼 banana를 쳐야 할 텐데 어디에 banana를 쳐야 할까요? 화면 왼쪽에 Prompt라는 창이 있습니다.

생성 AI에서 명령어를 Prompt라고 합니다. 챗GPT에서 우리가 친 대화도 다 Prompt였지요. 그래서 우리는 명령어를 Prompt가 적혀 있는 창 아래에 쓰면 됩니다. 저는 banana를 치겠습니다. 여러분들도 생각나는 영단어를 한 번 쳐 보세요.

그러면 그 아래의 Generate 버튼이 활성화될 겁니다(클릭이 됩니다).

이제 버튼을 누르세요. 창이 뜨고 시간이 표시될 겁니다. 잠시 기다리면 오른쪽에 당신의 첫 AI 그림이 완성되었습니다!!

바나나

생성형 AI는 완벽하지 못해서 이상한(손발이 이상하다던지) 그림이 그려지기도 합니다. 고치는 방법이 몇 가지 있지만 지금은 초보이기 때문에 다시 생성하는 것을 추천합니다. 이후로도 원하지 않는 그림이 나오면 생성을 다시 하게 될 것입니다.

한 번에 하나의 그림만 나오니 답답합니다. 오른쪽의 메뉴 중 Number of Images를 찾아봅니다. 아래

쪽의 숫자 중 4를 클릭합니다. 이제 다시 Generate 버튼을 누르면 4개의 그림이 한꺼번에 나올 겁니다.

그런데 아까와는 다른 그림이 나오고 그림의 종류들도 모두 다릅니다. 이럴 때는 원하는 그림의 스타일을 프롬프트에 지정해 주면 원하는 형태의 그림을 그리게 됩니다. 혹은 필터를 이용할 수도 있습니다. Playground는 정해진 그림의 형식을 그릴 수 있는 필터가 있습니다.

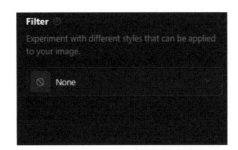
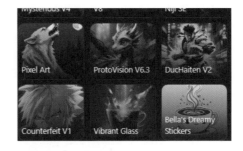

왼쪽 메뉴에서 filter의 아래쪽을 클릭해 보면 필터를 지정할 수 있습니다.

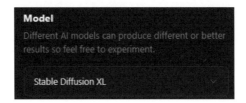

None이라고 적혀 있는 부분을 클릭하면 오른쪽에 많은 종류의 필터가 나옵니다. 일단 Bella's Dreamy stickers를 찾아 클릭합니다. 혹시 찾았는데 나오지 않았다면 오른쪽 메뉴의 Model이 Stable Diffusion XL이 선택되어 있는지 확인합니다.

모두 확인되었다면 Generate 버튼을 클릭합니다.

필터에서 정한대로 스티커 형식의 그림이 다운로드 되었습니다. 혹시 이 필터 안에서도 더더욱 원하는 그림이 나온다면 원하는 그림을 클릭하면 오른쪽의 seed가 특정값으로 변합니다. 이 상태에서 prompt 창에 점을 하나 넣는 등 작은 변화를 주면 그 그림의 양식에서 조금 변화합니다.

거의 비슷하지만 미묘한 변화를 느낄 수 있을 겁니다.

추천하는 방법은 다음과 같은 표를 미리 아이들에게 주고 그것을 바탕으로 보호자가 제작한 그림 중에 아이가 고르게 하는 것입니다. 만약 Generate된 그림 중 선정적이거나 이상한 그림이 나오면 아이에게 보여 주기 전에 마우스를 그림 위로 옮겨서 나오는 버튼 중 오른쪽 아래쪽의 Delete image 버튼으로 지우고 보여 주면 됩니다.

| | |
|---|---|
| **AI 그림의 목적** | (스티커 디자인, 카드 만들기, 책꽂이 만들기, 아바타 만들기, 동화책 쓰기 등) |
| **나의 AI 그림 제목** | |
| **나의 AI 그림 스케치** | |
| **내 AI 그림 글로 표현하기 (프롬프트)** | |
| **그림 스타일 (미술가, 미술 사조, 양식 등, 프롬프트에 넣으면 됩니다)** | (Van Gogh, Picasso, Claude Monet, Impressionism, diorama, isometric, 3d render, comic art 등) |

## 2.3 글 쓰는 AI와 그림 그리는 AI를 한곳에서 할 수 있는 '뤼튼'

### 무엇부터 해야 하나요?

뤼튼은 우리나라에서 chatGPT를 이용해서 만든 사이트입니다. 이곳에서는 chatGPT의 글쓰는 기능뿐만 아니라 그림 그리는 기능도 사용할 수 있습니다.

검색창에 뤼튼을 칩니다.

뤼튼
https://wrtn.ai :
뤼튼
모두를 위한 AI 포털 **뤼튼**. AI 채팅부터 이미지 생성, 나만의 AI 제작까지, 언제 어디서나 생성형 AI와 함께하세요.

모두를 위한 AI 포털
마케터로서 정말 흥미로운 서비스입니다. 원하는 키워드와 주제를 넣 ...

뤼튼을 클릭합니다. 오른쪽 위의 구석의 로그인 버튼을 누르면 구글 아이디나 네이버 아이디로 회원가
입 후 로그인 할 수 있습니다.

로그인이 되었다면 왼쪽의 채팅 목록 옆의 + 버튼을 클릭합니다.

브라우저의 아래쪽에 텍스트 입력창이 나오고 그곳에 질문이나 그림 그리기를 모두 할 수 있습니다.

먼저 그림을 그려 보겠습니다. 여기서는 한글로 입력해도 됩니다. 그리고 싶은 걸 말하고 뒤에 '그려
줘'라고 말하면 그려 줍니다.

다시 한번 안내하겠습니다. 그림 그리는 AI를 사용할 때는 보호자가 먼저 그림을 확인하고 아이에게 보여
주는 방식으로 사용합니다.

위쪽의 대화창에 나의 요청이 뜨고 잠시의 시간이 지난 후 그림을 그려 줍니다.

그림 위로 마우스를 올리면 그림을 다운로드 하거나 크게 볼 수도 있습니다.

왼쪽 위의 ⬉ 버튼은 그림을 크게 보기, 오른쪽 아래의 ⬇ 버튼은 다운로드 버튼입니다.

다음으로 글을 쓰는 AI 기능을 할 수도 있는데 아까의 텍스트 입력창에 질문을 하면 됩니다. 그런데 뤼튼에는 글쓰기 AI의 성능을 변경할 수 있는 옵션도 제공하고 있습니다.

텍스트 창에 질문을 해 봅시다.

이렇게 질문하면

이렇게 3행시를 이해하지 못하는 답변만 합니다.

그런데 텍스트창 아래의 GPT-3.5라고 적혀 있는 부분

이 부분을 클릭하면

GPT-3.5

GPT-4

GPT-3.5-16K

PaLM2

이와 같이 다양한 버전의 모델을 사용할 수 있습니다. 특히 GPT-4는 chatGPT에서는 유료로 사용되고 있는 가장 수준 높은 모델입니다. GPT-4를 선택하고 다시 질문해 봅시다.

속도는 조금 느리지만 3행시를 이해한 답변을 볼 수 있습니다.

이제 기본적인 생성형 AI를 만나 보고 실습해 보았습니다. 아이들과 함께할 수 있는 활동들을 해 봅시다.

다시 한번 안내하겠습니다. 그림 그리는 AI를 사용할 때는 보호자가 먼저 그림을 확인하고 아이에게 보여 주는 방식으로 사용합니다.

## 활동 1 · 오토드로우 실습하기

**챗GPT가 설명해 주는 오토드로우**

오토드로우는 사람들이 그림을 그리는 것을 돕는 컴퓨터 프로그램이에요. 이 웹사이트를 사용하면, 당신이 그리려고 하는 것을 컴퓨터가 추측하고 그것을 더 잘 그릴 수 있게 도와준답니다.

예를 들어, 당신이 하트를 그리려고 한다면, 그냥 대충 그려도 돼요. 그럼 오토드로우가 당신이 하트를 그리려고 하는 것을 알아차리고, 화면에 다양한 하트 그림을 제안해 줄 거예요. 그중에서 가장 마음에 드는 걸 선택하면, 컴퓨터가 그림을 완성해 주는 거죠!

이렇게 하면, 그림 그리는 능력이 그다지 없어도 아름다운 그림을 그릴 수 있어요. 그리고 무엇보다 재미있기까지 하죠! 이런 식으로 오토드로우는 우리가 그림을 그리는 방식을 바꿔 주는 멋진 도구라고 할 수 있어요.

첫 번째 활동인 오토드로우를 해 봅시다.

검색창에 오토드로우를 검색한 후, autodraw.com으로 들어갑니다.

→ start Drawing →

'autodraw.com' 시작 페이지

동그란 아이콘의 순서대로

1. select: 그림 선택 후 이동 및 크기 조절
2. autodraw: AI로 그림 그리기
3. draw: 일반적인 그림 그리기
4. type: 글자 및 숫자 입력창
5. fill: 색깔 채우기
6. shape: 원, 사각형, 삼각형 등 정해진 모양 그리기입니다.

그중에서도 아이와 함께 오토드로우 아이콘을 클릭한 후 오른쪽의 하얀색 캔버스에 그림을 그려 봅시다.

이와 같이 간단한 배를 그리자 캔버스 위쪽에 여러 가지 그림이 나옵니다. 그중에 하나를 골라 클릭, 터치 해 볼까요?

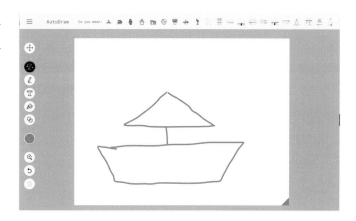

짜잔 클릭한 배의 모습으로 그려 줍니다. 다른 기능도 이용해서 아이와 그림을 그려 보세요. 특히 자동으로 그려 주는 오토드로우의 기능을 잘 사용하면 괜찮은 그림을 그릴 수 있습니다.

나와 아이의 첫 그림

그림을 그리고 난 후 왼쪽의 3줄을 클릭하여 다운로드 버튼으로 그림을 꼭 저장합시다!

"퀵, 드로우!"(Quick, Draw!)는 구글에서 개발한 인공지능 실험으로, 사용자가 제한된 시간 내에 그림을 그리면 AI가 그 그림이 무엇을 나타내는지 추측합니다. 이 게임은 머신 러닝의 기본 원리를 재미있고 상호작용적인 방식으로 보여 주기 위해 만들어졌습니다. 사용자는 주어진 시간, 보통 20초 안에 특정한 단어나 객체를 그려야 하며, AI는 그림을 보고 무엇을 그렸는지 맞추려고 시도합니다. 이 과정에서 AI는 수백만 개의 사람들이 그린 그림을 학습하여 점점 더 빠르고 정확하게 그림을 인식하게 됩니다. "퀵, 드로우!"는 머신 러닝의 기초를 이해하고, 데이터 학습이 어떻게 이루어지는지 체험할 수 있는 흥미로운 방법을 제공합니다.

검색창에 퀵드로우를 검색합니다.

시작하기 버튼을 누릅니다.

아래와 같은 문제가 6문제가 나옵니다.

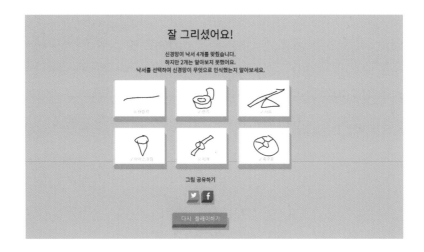

그림을 그려서 AI가 맞추면 점수를 얻을 수 있습니다.

퀵드로우는 한계가 있는 AI가 사람의 그림을 판단합니다.

아이들의 그림이 주제와 맞게 그리지 않아 정답이 아니라고 판단할 수도 있지만 창의적인 그림을 판단하지 못하는 경우도 있습니다. 경쟁활동을 한다면 아이들에게 AI의 한계를 분명히 이야기하고 컴퓨터가 내려 주는 점수가 전부가 아님을 꼭 이해시키고 활동하세요!!

**꼬맨틀**

"꼬맨틀"은 재미있는 게임이에요. 이 게임에서는 매일 새로운 단어를 맞춰 보는 겁니다. 단어를 추측하면, 그 단어가 얼마나 정답 단어와 비슷한지 알려 주는 점수를 받게 되고, 이 점수를 바탕으로 정답 단어를 찾아 나가는 게임입니다.

**꼬맨틀의 원리**

꼬맨틀은 생성 AI의 원리인 벡터 임베딩을 사용해서 만든 게임입니다.

벡터 임베딩은 단어들 사이의 관계를 숫자로 나타내는 방법입니다.

'사과', '바나나', '휴대폰'이라는 단어가 있어요. 사과와 바나나는 관련이 깊으므로

비슷한 숫자가 부여되고 휴대폰은 상관이 없으니 차이가 큰 숫자가 부여됩니다.

예시 1) 사과(3), 바나나(5), 휴대폰(19)

그런데 사과와 관련된 이름을 가진 회사가 휴대폰을 만들기도 함으로 어떤 면에서는 휴대폰과 사과가 관계가 깊을 수도 있죠.

예시 2) 사과(15), 바나나(1), 휴대폰(16)

이러한 여러 면의 관계를 합쳐서 이런 식으로 표현합니다.

예시 3) 사과(3, 15), 바나나(5, 1), 휴대폰(19, 16)

이렇게 해서 생성 AI는 단어 간의 관계를 파악할 수 있습니다.

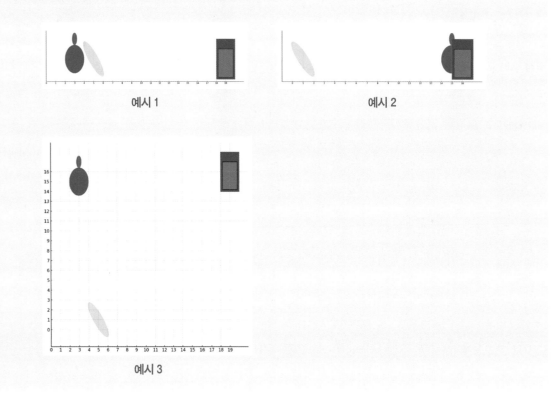

예시 1        예시 2

예시 3

검색창에 꼬맨틀을 검색합니다.

입력창에 아무 단어나 입력합니다. 저는 "학교"를 입력해 보겠습니다.

단어를 입력하면 순번, 단어, 유사도, 유사도 순위가 나옵니다. 정답 단어의 유사도는 54.82로 위에 나오고 저 유사도와 비슷한 단어를 계속 입력하여 정답을 유추하면 됩니다. 유사도가 높은 값이 나오면 그와 관련된 단어들을 입력하세요. 계속 해 보겠습니다.

유사도가 1000등 안으로 들어오면 유사도 순위가 표시됩니다. 주식과 관련된 말을 계속 입력해 봅시다.

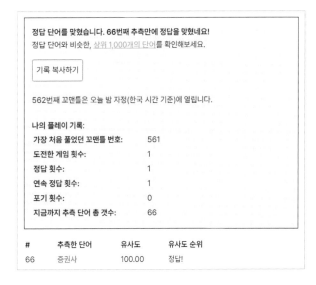

도전 끝에 정답을 맞추었습니다. 매일 다른 문제가 나오니 한 번 풀어 봅시다.

## 구글 아트 앤 컬쳐로 유명화가 그림 조사하기

**구글 아트 앤 컬쳐**

구글 아트 앤 컬쳐는 구글이 만든 특별한 앱입니다. 이 앱을 사용하면, 컴퓨터나 핸드폰으로 세계의 유명한 박물관이나 예술 작품을 볼 수 있습니다.

간단하게 설명하자면:

박물관 보기: 많은 박물관의 그림이나 조각상을 볼 수 있습니다.

매우 선명한 그림: 그림의 작은 부분도 아주 잘 볼 수 있습니다.

가상 여행: 특별한 기기를 사용해서 마치 박물관에 직접 가 있는 것처럼 둘러볼 수 있습니다.

예술의 이야기: 예술 작품이 언제 그려졌는지, 어떤 이유로 만들어졌는지 알 수 있습니다.

구글 아트 앤 컬쳐를 통해, 세계의 멋진 예술 작품을 쉽게 볼 수 있습니다.

AI로 어떤 화가의 작품을 바탕으로 그려 볼지 예술 작품을 살펴봅시다.

유명화가들의 작품 중에는 예술성은 있지만 선정적이거나 폭력적인 작품이 있을 수 있습니다. 작품 감상 중 보호자의 지도가 필요합니다.

검색창에 "구글 아트 앤 컬쳐"를 검색합니다.

구글 아트 앤 컬쳐 클릭

찾아보기를 클릭합니다.

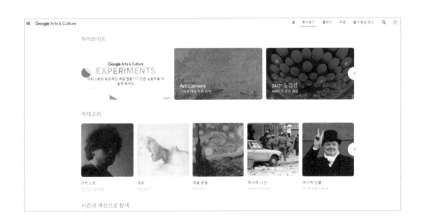

카테고리의 아티스트 탭을 클릭합니다.

빈센트 반 고흐, 클로드 모네, 뱅크시, 렘브란트 등 유명화가들이 있습니다. 살펴보고 그리고 싶은 그림과 비슷한 느낌의 그림을 찾아서 화가 이름을 기억합시다.

카테고리의 예술 운동 탭을 클릭해서 마음에 드는 화풍을 고르는 방법도 있습니다.

낭만주의, 인상주의 등 마음에 드는 화풍을 기억합시다.

## 플레이 그라운드로 그림 그리기

### 생성 AI로 그림 그리기

생성 AI로 그림을 그릴 수 있습니다. 생성 AI의 학습에는 수많은 그림과 사진들이 이용되었습니다. 그중에서도 특히 유명화가들의 작품은 많이 사용되어 비슷한 그림을 그리기 쉽습니다.

💡 다시 한번 안내하겠습니다. 그림 그리는 AI를 사용할 때는 보호자가 먼저 그림을 확인하고 아이에게 보여 주는 방식으로 사용합니다.

### 그림을 그리기 전 프롬프트 정하기

아직 playgroundAI가 한글 프롬프트를 이해하지 못함으로 번역기를 이용해야 합니다.

(구글 아트 앤 컬쳐의 미술가 이름), (그리고 싶은 장면)으로 첫 번째 프롬프트를 정하겠습니다.

Claude Monet, Winter Bridge

플레이 그라운드 AI 사이트에 들어갑니다.

먼저 사이트 오른쪽의 메뉴에서는

모델은 Stable Diffusion XL,

Image Dimensions는 1024*1024를 클릭합니다.

Prompt Guidance는 7

Quality& Details는 25로 합니다.

시드는 그림을 그리기 전에는 바꿀 수 없고

샘플러는 아무것이나 크게 상관없습니다.

Number of Images의 4를 클릭합니다.

그리고 그림을 자신만 보고 싶을 경우 Private Session을 토클 버튼을 클릭합니다.

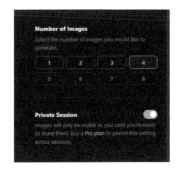

사이트 왼쪽의 메뉴에서 board, canvas중 board를 고르고 필터는 None, prompt 밑의 텍스트에는 제가 정한 프롬프트를 씁니다.

그리고 아래의 Generate 버튼을 클릭합니다.

잠시 시간이 지난 후 가운데의 작품창에 4개의 작품이 완성됩니다.

마음에 드는 그림에 마우스 커서를 올려 놓으면 그림에 위와 같은 버튼들이 나타납니다. 그중에서 아래의 다운로드 버튼을 누르면 다운로드 할 수 있습니다.

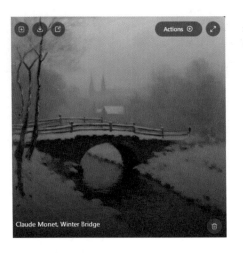

크롬의 다운로드 폴더(일반적으로 윈도우11 기준 파일 탐색기에 다운로드 폴더)에 가 보면 그림 파일을 찾아볼 수 있습니다.

다운로드 폴더 안에 그림

프린트하여 아이와 감상하고 그림의 특징에 대해 이야기를 나누어 봅시다.

## 생성 AI로 스케치를 완성된 그림으로 그리기

생성 AI로 스케치를 더 구체화하여 완성할 수 있습니다.

종이에 그려 놓은 스케치를 스캔해서 사용하여도 되고 컴퓨터로 그린 스케치를 사용해도 됩니다. 저는 오토드로우로 그린 스케치를 사용하겠습니다.

오토드로우로 들어갑니다. 캔버스에 간단한 그림을 그립니다. 인공지능이 그려 준 그림으로 변환해도 되지만 이번에는 그냥 그림을 다운로드 하겠습니다.

왼쪽 위의 서랍 모양 버튼을 클릭하여 Download 합니다. 다운로드 창에 그림이 있을 것입니다.

플레이 그라운드로 들어갑니다. 다른 것은 아까와 동일하게 하고 이번엔 filter를 사용해 보겠습니다. 오른쪽 메뉴의 모델은 Stable Difussion 1.5(Image Dimension도 자동으로 512*512로 변경), 왼쪽의 filter로 들어가 아래쪽의 storybook 필터를 고릅니다.

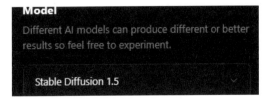

Prompt는 car로 하겠습니다.

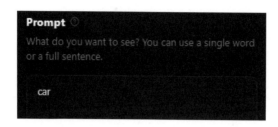

그다음 image to image의 ⊕ 모양의 버튼을 눌러서 다운로드 폴더에 있는 그림을 찾아 더블 클릭합시다. 그림이 업로드 되고 밑에 Image strength와 Edit with Mask 탭이 생깁니다. 그중에서 Image strength를 35로 정하고 Edit with Mask는 지금은 건들지 않습니다.

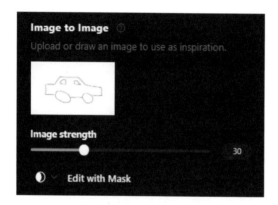

Generate 버튼을 클릭합니다.

마음에 드는 그림이 나오지 않으면 몇 번 더 그림을 그려 봅니다. 아이가 4번째 그림을 마음에 들어 해서 다운로드 하겠습니다.

아이의 그림이 AI의 도움으로 완성되었습니다!

**AI로 아이의 스케치에 색칠하기**

웹툰 AI 페인터라는 앱을 이용하면 아이의 스케치에 색칠을 해 줄 수 있습니다.

아이가 평소 그린 스케치로 이용하여 색칠을 해 봅시다.

종이에 그려 놓은 그림을 스캔해서 사용하여도 되고 컴퓨터로 그린 그림을 사용해도 됩니다.

웹툰 AI 페인터를 검색창에 검색합니다.

들어가서 오른쪽 위의 로그인 버튼을 누릅니다. 네이버나 구글 ID로 가입할 수 있습니다.

로그인을 하고 나면 채색하기를 클릭합니다.

How to를 클릭하면 기본적인 사용법을 알 수 있습니다.

내 파일 업로드하기를 눌러 그림 파일을 업로드합니다.

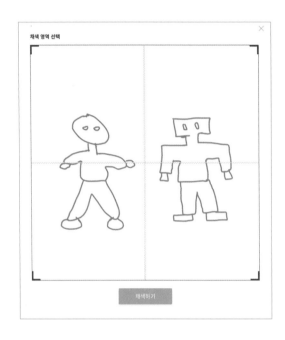

채색 영역을 선택하는 창이 나옵니다. 모서리의 굵은 부분을 드래그 하여 크기를 조절해 채색 영역을 지정할 수 있습니다.

채색하기를 클릭!

도구 중에서 붓을 선택하고 팔레트나 색상 탭의 컬러를 선택해서 색칠하고 싶은 부분을 클릭합니다.

단 한 번의 클릭으로 AI가 자동으로 채색한 모습을 볼 수 있습니다.

하지만 마음에 들지 않은 부분이 있다면, 여전히 붓을 선택하고 다른 색을 선택하여 다르게 칠하고 싶은 부분을 클릭합니다. 이렇게 몇 번을 클릭합니다.

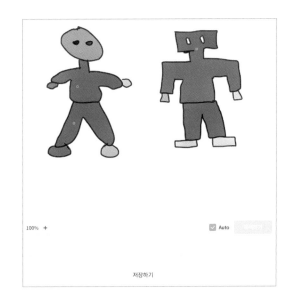

작은 초록색 점이 클릭한 부분입니다. 4번의 클릭만으로 AI의 도움으로 색칠을 하게 되었습니다.

저장하기(PNG로 저장하기)를 눌러 파일로 저장합시다.

그런데 다운로드 폴더에 보면 그림 파일의 형식으로 저장이 안 되어 있을 수도 있습니다. 그러면 파일을 클릭하고 f2버튼(혹은 오른쪽 클릭 파일 이름 바꾸기)을 눌러 파일 이름 마지막에 .png를 붙여 주면 됩니다.

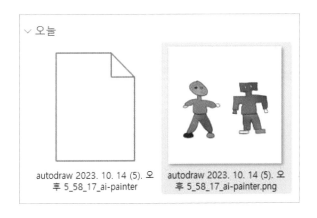

그림 파일의 형식이 아니던 왼쪽 파일이 .png를 붙여서 그림 파일의 형식이 되었습니다.

Animated drawings라는 앱을 이용하면 아이의 그림에 움직임을 만들어 줄 수 있습니다.
아이가 평소 그린 캐릭터 등을 이용하여 움직이는 캐릭터를 만들어 봅시다.
종이에 그려 놓은 그림을 스캔해서 사용하여도 되고 컴퓨터로 그린 그림을 사용해도 됩니다.

아이들이 그린 그림 파일을 준비합니다.
(그림은 최대한 그림자가 없어야 하고 타인의 저작권을 침해하거나 폭력적이거나 선정적인 장면이 있으면 안 됩니다)
검색창에 Animated drawings을 검색합니다.

get started 버튼을 누릅니다. 들어간 페이지에서는 upload photo 버튼을 눌러 아이가 그린 그림을 업로드 합니다. Next 버튼을 누릅니다.

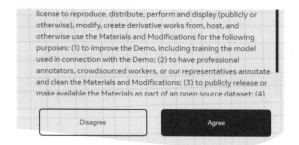

연구에 그림 파일을 사용하겠다는 질문에 Agree 버튼을 누릅니다(동의하지 않으면 진행할 수 없습니다. 연구에 사용되는 걸 원치 않는 파일은 업로드하지 마세요).

Agree버튼을 누르면

영역에 2개의 캐릭터가 있습니다. 하나의 캐릭터만 고릅니다.

움직일 수 있는 캐릭터의 영역를 정하는 창이 나오는데 위와 같이 그림에 2개의 캐릭터가 있을 경우나 캐릭터를 AI가 캐릭터의 영역을 자동으로 정하지 못할 경우 하얀색 모서리의 동그라미를 클릭하고 드래그해서 영역을 정해 줘야 합니다.

영역을 정하고 나면 Next 버튼을 클릭!

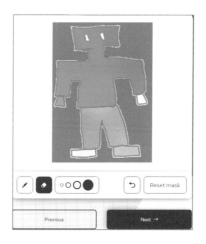

그다음 AI가 자동으로 캐릭터의 경계를 정하지만(위 그림에서 회색 부분은 캐릭터의 배경 나머지 부분은 캐릭터입니다), 잘못됐을 경우 고칠 수 있습니다.

예 1) 캐릭터의 팔 등이 얇아서 배경으로 설정된 경우 - 연필 버튼으로 캐릭터의 팔을 밝게 해서 캐릭터를 그림
예 2) 캐릭터의 다리 사이의 간격이 얇아서 붙어서 나올 경우 - 지우개 버튼으로 붙은 부분을 떨어뜨림

그러나 대부분의 경우 AI가 경계를 잘 정해 줍니다.

Next 버튼 클릭!

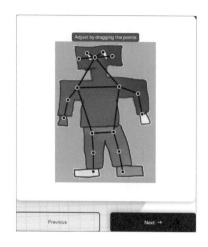

캐릭터의 관절을 정해 줍니다. AI가 관절을 정해 주지만 마음에 안 드는 부분이 있으면 검은색 동그라미 부분을 드래그해서 이동시키면 됩니다.

Next 버튼 클릭!

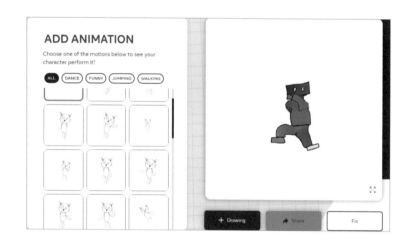

왼쪽의 ADD ANIMATION의 아래의 동작들 중에서 마음에 드는 부분을 클릭하면 그 동작으로 움직이는 캐릭터를 볼 수 있습니다.

아이들과 여러 가지 작품으로 움직이는 캐릭터를 보여 줍시다.

share 버튼을 눌러서 링크 복사 버튼으로 다른 사람에게 아이의 그림을 보내 줄 수도 있습니다.

TTS프로그램이란 글을 소리로 변환시키는 프로그램입니다.

AI 기술을 이용하여 아이들의 글을 컴퓨터의 목소리로 바꾸는 활동을 해 봅시다.

TTS가 가능한 앱은 많이 있고 vrew 앱도 가능하지만 이번에는 클로바 더빙을 사용하겠습니다.

아이들의 시를 확인합니다.

검색창에 클로바 더빙을 쳐 봅니다.

클릭해서 들어갑니다.

무료로 시작하기 버튼을 눌러서 들어갑니다.

네이버 로그인 창이 나오고 네이버로 로그인 합니다.

새 프로젝트를 만듭니다. + 표시된 버튼을 누르면 만들 수 있습니다.

새 프로젝트 만들기 창이 뜹니다.

콘텐츠 종류는 오디오, 프로젝트명은 원하는 대로 정합니다.

생성 버튼을 누릅니다.

'더빙할 내용을 입력해 주세요'라고 적혀 있는 텍스트창에 동시를 씁니다. 위의 아라 캐릭터를 클릭하면 목소리를 바꿀 수도 있습니다.

제목부터 동시를 한 행씩 저장합니다.

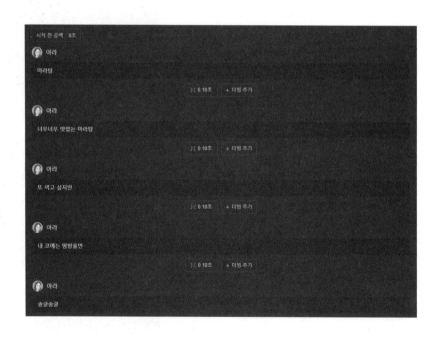

그리고 필드 아래쪽의 플레이 버튼을 눌러 봅니다.

다음으로 각 행의 앞에 있는 체크 박스를 모두 클릭하거나 텍스트 박스 왼쪽 위에 모두 선택 체크 박스를 한 번 클릭합니다.

체크된 텍스트 박스는 파란색 테두리가 생깁니다.

다음으로 AI보이스의 세부 설정을 합니다.

먼저 속도와 높낮이 등을 조절할 수 있습니다. 하나씩 조절할 수도 있고 모두 조절할 수 있습니다. 속도나 높낮이를 조절해 보고 미리듣기를 해 보고 마음에 든다면 텍스트 필드를 체크한 후 적용하기를 눌러 봅시다. 저는 속도를 -2 높낮이를 -2로 하고 적용했습니다. 적용 후 텍스트 필드 아래의 플레이를 다시 눌러 봅시다. 마음에 들게 됐다면 오른쪽 구석의 프로젝트 저장 클릭 그리고 다운로드 버튼을 클릭합니다.

주의 사항에 위 내용을 확인하였습니다. 체크 후 확인 버튼을 누릅니다.

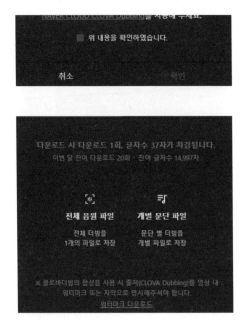

다음으로 전체 음원 파일을 클릭합니다.

mp3나 wav 형식으로 다운로드 합니다.

다운로드 된 파일을 플레이해서 들어봅니다.

AI로 그린 그림을 LeiaPix라는 앱에서 입체감 있는 그림으로 바꾸어서 안드로이드 핸드폰의 잠금화면으로
만들 수 있습니다.
아이와 함께 휴대폰의 잠금화면을 만들어 봅시다.

플레이그라운드AI로 들어갑니다.
이번엔 멋진 마법사를 그리고 싶군요. 모델을 Stable Diffusion XL, Image Dimension을 1024*1024, 필
터를 mysterious 3.55로 변경합니다.

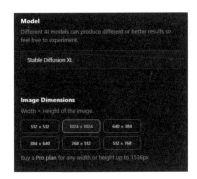
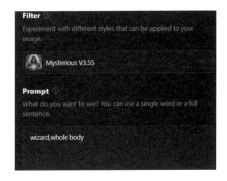

프롬프트에 wizard, whole body를 넣고 Generate 버튼을 누릅니다.

4개의 멋진 그림이 나왔고 1번째 그림으로 정했습니다.

그림을 다운로드 합니다.

검색창에 leiapix를 검색합니다.

들어가서

Get Started with leiapix 버튼을 클릭하면 구글 아이디로 연동하여 계정을 만들 수 있습니다. Sign in with Google을 클릭하여 구글 아이디로 로그인합시다.

+ Upload 버튼을 클릭하여 그림 파일을 업로드 합니다.

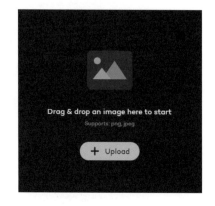

입체감 있는 그림이 완성되었습니다.

　오른쪽의 메뉴에는 원근감 있게 영역 정하기, 이동 스타일 정하기, 이동 속도 정하기, 이동 정도 정하기 등이 있습니다. 스스로 조절해 보며 더 입체감 있게 만들어 봅시다.

Export 버튼을 누르고

2번째 MP4 파일을 클릭하고 아래의 save 버튼을 눌러 MP4 형식으로 다운로드 합니다.

다운로드 한 파일을 usb 연결이나 구글드라이브 등을 통해서 폰으로 복사합니다.

휴대폰의 설정 아이콘을 찾아서 터치합니다.

설정에 들어가서 배경화면 및 스타일 터치!

왼쪽은 잠금화면 오른쪽은 배경화면입니다. 우리의 파일은 잠금화면에만 적용되므로 잠금화면 터치 그 후 왼쪽의 바탕화면 터치합니다.

아래 갤러리의 동영상 탭을 터치하면 다운로드한 동영상을 볼 수 있습니다.

터치하고 완료 버튼 터치 다시 완료 버튼 터치합니다.

잠금화면을 확인하면 만들어 놓은 애니메이션 그림을 볼 수 있습니다.

**생성 AI로 음악을 만들어서 휴대폰 알람음으로 만들기**

MusicGen이란 앱에서 프롬프트만으로 음악을 만들 수 있습니다.
특히 아이들이 평소 흥얼거리던 멜로디를 바탕으로 만들 수 있습니다.
아이와 함께 휴대폰의 알람음을 생성 AI로 만들어 봅시다.

검색창에 musicgen을 검색합니다.

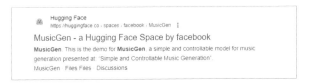

hugging face란 사이트에서 musicgen 앱이 있습니다. 클릭해서 들어갑니다.

Describe your music에 원하는 음악의 특징을 입력합니다(영어로 입력해야 합니다).
저는 환상적이고 멋진 음악을 만들어 달라고 요청했습니다.

condition on melody 부분의 mic를 선택하고 record from microphone을 클릭하면

탭이나 스마트폰 혹은 pc용 마이크를 사용하여 아이들에게 흥얼거리거나 간단히 연주하는 멜로디를 음악의 기본 멜로디로 사용할 수도 있습니다(선택 사항임으로 없이도 음악 만들기는 가능합니다).

Generate 버튼을 누릅니다.

조금 시간이 지나면 오른쪽의 Generated Music 탭에 완성된 음악이 나옵니다.

마우스를 올리면 플레이창이 나오고 음악을 들을 수 있습니다. 마음에 드는 음악이 나올 때까지 프롬프트를 바꿔 가며 Generate해 봅시다. 마음에 드는 음악이 완성되면 Generated Music 탭의 오른쪽 위에 있는 다운로드 버튼을 클릭합시다.

다운로드된 파일을 다운로드 폴더에서 볼 수 있습니다. 그런데 mp4 형식의 파일이라서 폰의 알람으로 사용할 수 없습니다. 파일의 형식을 mp3로 바꿔야 합니다.

검색창에 mp4 to mp3를 검색해서 mp4 파일을 mp3로 바꾸는 앱에 들어갑니다.

![Google 검색 화면]

convertio 라는 앱에 들어가겠습니다(이 앱이 나오지 않는다면 다른 앱으로 들어가도 됩니다).

파일 선택으로 들어가 musicgen으로 만든 파일을 선택합니다. 아래에 mp4에 mp3가 맞게 설정되어 있는지 확인합니다.

오른쪽의 변환 버튼을 누릅니다.

오른쪽의 다운로드를 누릅니다.

다운로드된 파일을 스마트폰으로 이동시킵니다.
스마트폰에서 시계 앱을 검색합니다.

시계 앱을 터치하고 시계 앱에 들어가면 오른쪽 구석의 점 세 개 버튼을 터치합니다.
들어가서 설정을 터치합니다.

시계 앱의 설정에서 소리를 터치합니다. 타이머 소리 설정 화면이 나오고 오른쪽의 + 버튼을 터치합니다.

사운드 선택기 화면이 나오고 오른쪽 구석의 돋보기 모양의 버튼을 누르면 검색창이 나오고 파일 이름으로 검색할 수 있습니다. 아까 만들었던 음악 파일이 나오면 터치하고 완료 버튼 알람 시간을 가까운 시간에 맞추어서 내가 만든 음악이 알람으로 나오는지 들어 봅시다.

**생성 AI로 4컷 웹툰 그리기**

AI comic factory이란 앱에서 4컷 웹툰을 그릴 수 있습니다.
아이와 함께 짧은 이야기를 만들어서 4컷 웹툰을 그려 봅시다.

검색창에 AI comic factory를 검색합니다.

앱을 클릭해서 들어갑니다.
Playground나 Get started를 클릭합니다.

앞쪽에는 그림 스타일과 레이아웃 패턴 캡션(이미지에 관한 간단한 설명) 추가 유무를 정할 수 있습니다.
저는 American(modern) 그림 스타일과 layout 1번 캡션 없음으로 위와 같이 정했습니다.

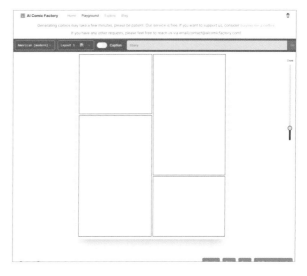

다음 프롬프트 창에 스토리를 적을 수 있습니다. 예시와 같이 한글도 이해합니다.
짧은 스토리를 적고 go 버튼을 클릭합니다.

저는 마음에 드는 그림들이 나왔습니다. 마음에 들지 않으면 프롬프트를 조금씩 변경하며 다시 그려 봅시다.

캡션을 다시 오하면

위와 같이 간단한 설명도 나옵니다.
설명이 마음에 들지 않는다면 다시 캡션 버튼을 누르면 됩니다.

마음에 드는 웹툰이 되었다면 Save 버튼을 클릭해서 다운로드 합니다.
프린트 버튼을 클릭해서 바로 프린트 해도 됩니다.

# 활동 13  생성 AI로 특이한 프롬프트로 책갈피 만들기

AI로 그림을 만들어서 책갈피도 만들 수 있습니다.

이번에는 프레스코화 양식으로 책갈피를 만들어 봅시다.

그리고 여러 가지 특이한 효과를 가지는 프롬프트를 알아봅시다.

플레이그라운드AI로 들어갑니다.

프롬프트는 (원하는 대상), Fresco bas-relief, sparkle, flower, colorful, fairy art

모델을 Stable Diffusion XL로 하고 Image Dimensions는 384*640으로 합니다.

미리 준비한 프롬프트를 넣습니다.

저는 2번째 그림을 선택하겠습니다.

선택한 그림을 다운로드 하여 칼라 프린트 합니다.

프린트한 그림에 구멍을 펀치나 송곳 등으로 구멍을 뚫고 지끈 등으로 묶어 주면 됩니다. 코팅지가 있으면 코팅을 해 주면 더 좋습니다. 아이가 자르고 묶게 해도 좋습니다.

이 책갈피를 만들기 위해서 Fresco bas-relief(프레스코 부조)라는 프롬 프트를 사용했습니다. 이러한 특별한 그림이 나오는 프롬프트를 몇 가지 알려 드리겠습니다.

| (장소), diorama, isometric | (장소), pixelscape | (대상), Hologram, dribbble | (대상), Funky pop, figure |
|---|---|---|---|
| | | | |
| (대상), Abstract oil painting, pastel color | (대상), Black and white stencil | (대상), cute cartoon, kawaii, splash | (대상), 3d render, kawaii |

## 활동 14 생성 AI로 스티커 만들기

AI로 그림을 만들어서 아이들이 좋아하는 스티커를 만들어 봅시다.
playgroundAI와 라벨지를 이용하여 아이들이 좋아하는 스티커를 만들어 봅시다.

인터넷이나 문구점을 통해 라벨지를 구입합니다. 저는 직접 잘라 쓰도록 A4 전지(칸이 나눠져 있지 않은)를 구입하겠습니다. 레이저 프린트용, 잉크젯 용으로 나누어져 있음으로 잘 확인해 보고 구입합시다. 공용으로 구입하면 걱정 없이 다 쓸 수도 있습니다.

playgroundAI로 들어갑니다.

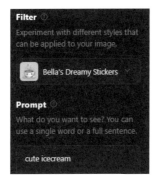

model은 Stable Diffuison XL, Image Dimensions는 1024*1024 필터는 bella's dreamy stickers로 정하고 프롬프트는 정해진 프롬프트로 정합니다. 저는 음식들을 주제로 정했습니다.

원하는 그림 파일을 정하면 배경은 사용하지 않을 것임으로 원하는 그림 위에 마우스를 올리고 나오는 버튼들 중 action 버튼을 누릅니다. 그러면 드롭박스 메뉴가 나오고 Remove background를 찾아서 클릭합니다. 잠깐의 시간이 지나면 다운로드 탭이 활성화되고 다운로드 버튼을 눌러서 그림 파일을 다운로드 합니다.

같은 방법으로 10개 정도의 그림을 만들고 배경을 지우고 다운로드 합니다.

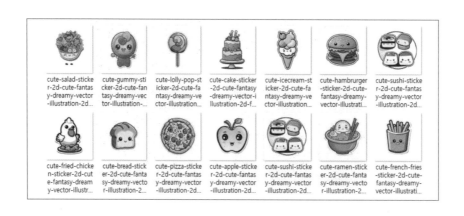

검색창에 canva를 검색하고 canva앱에 들어갑니다.

오른쪽 구석의 가입 버튼을 누르고 모든 항목에 동의 체크 후 동의 및 계속 클릭 → 구글로 계속하기 누르면 구글 아이디로 가입 및 로그인이 가능합니다.

로그인이 되고 나면 오른쪽 구석의 디자인 만들기 버튼을 클릭합니다.

검색창에 A4라고 치고 A4(가로)를 선택합니다.

가로로 된 페이지가 나오고 왼쪽에 메뉴가 나옵니다. 위에서 오른쪽의 "제목 없는 디자인"이라고 적혀 있는 제목 변경 필드를 클릭하고 파일명을 바꾸겠습니다.

그리고 왼쪽의 메뉴에서 업로드 항목을 클릭합니다.

파일 업로드 버튼을 누르고 이미지가 저장된 폴더를 찾아서(보통은 다운로드 폴더) 저장된 그림들을 업로드 합니다.

업로드가 다 되었으면 업로드 된 그림파일을 클릭하면 오른쪽의 페이지에 그려집니다.

그림을 클릭하면 그림에 테두리가 그려지고 그림 위쪽의 버튼 메뉴(복사 ⊞, 지우기 🗑, 더보기) 아래쪽의 회전 버튼 ⟳이 생깁니다. 그리고 그림 수위의 보라색 테두리의 ⏧, ⟡ 두 종류의 크기 조절 버튼이 있습니다. 길죽한 모양을 클릭하고 드래그 하면 그 방향으로만 크기가 커지고, 동그란 모양은 비율을 유지하며 높이와 길이가 동시에 줄어듭니다. 동그란 모양이 모양을 유지하기 좋으니 동그란 모양 버튼을 클릭하고 드래그 합시다. 그리고 그림을 누르고 드래그 하면 그림을 이동시킬 수 있습니다.

나머지 그림들도 적절한 크기로 줄이고 페이지 여기저기 배치해 봅니다.

이제 오른쪽 구석의 공유 버튼을 누릅니다.

다운로드 버튼을 클릭하고 파일 형식 png 혹은 PDF로 정하고 다운로드 버튼을 누릅니다.
다운로드된 파일을 구입한 라벨지에 프린트합니다.

## 생성 AI로 동화책 만들기

AI그림과 canva라는 앱을 이용하여 간단한 동화책을 만들어 봅시다.
동생들을 위한 간단한 동화책을 만들어 봅시다.

먼저 동화책의 컨셉을 정합니다. 안타깝게도 생성형 AI로는 같은 캐릭터를 여러 번 만들기가 어렵습니다. 그래서 너무 길거나 캐릭터들의 다양한 움직임이 나타나는 동화를 만들기는 힘듭니다. 그러나 짧고 간단한 동화책을 만드는데는 충분합니다.

특히 동화책을 만들기 쉬운 컨셉은 주제의 나열식 동화입니다. 과일, 탈 것, 나라, 동물, 악기, 장소 등 여러 주제를 소개하는 방식으로 동화책을 만든다면 쉽게 만들 수 있을 것입니다. 물론 다른 방식의 동화책도 시간을 조금 들인다면 만들 수 있지만 일단 이 책에서는 쉽게 따라 할 수 있도록 주제 나열식의 동화를 만들어 보겠습니다.

아이와 함께 동화책의 내용을 구상합니다. 주인공 캐릭터, 각 페이지에 등장할 대사와 배경, 인물 등을 중심으로 구상하면 됩니다.

먼저 캐릭터들을 만들겠습니다.
플레이그라운드AI로 들어갑니다.

모델은 Stable Diffusion XL, Image Dimension은 1024*1024로 합니다.
필터는 없이 프롬프트는 정해진 프롬프트로 합니다. Number of image는 4로 만듭니다.

여러 번 generate를 해서 마음에 드는 모양의 강아지를 정합니다.

계속 generate하여 비슷한 강아지들을 몇 개 정합니다. 이번 동화에서 많은 장면이 나오지 않음으로 4~5장만 준비해도 됩니다.

정한 강아지들의 배경은 사용하지 않을 것임으로 원하는 그림 위에 마우스를 올리고 나오는 버튼들 중 action 버튼을 누릅니다. 그러면 드롭박스 메뉴가 나오고 Remove background를 찾아서 클릭합니다. 잠깐의 시간이 지나면 다운로드 탭이 활성화되고 다운로드 버튼을 눌러서 그림 파일을 다운로드 합니다. 4~5개의 강아지들 모두 위와 같이 배경을 지워서 준비합시다.

다음으로 강아지와 만날 동물들을 준비합니다.

프롬프트만 다른 동물로 바꾸어 봅니다. 여러 번 generate 하여 마음에 드는 동물들의 그림을 준비합니다.

충분히 준비되면 다운로드 합니다.

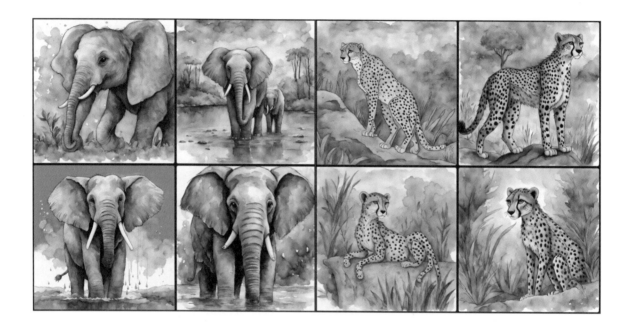

canva앱으로 들어갑니다.

오른쪽 위 구석의 디자인 만들기 버튼을 클릭합니다. 검색창이 나오면 A4를 검색합니다.

문서(A4 세로)를 클릭합니다.

화면이 나오면 오른쪽 구석의 제목 없는 디자인-문서(A4)를 클릭해서 동화 제목으로 파일명을 바꿉시다.

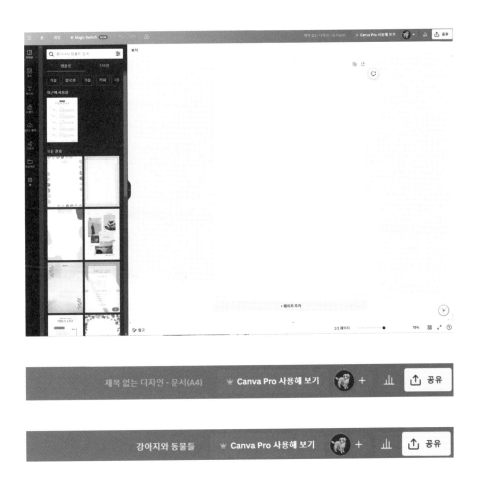

먼저 책의 표지를 만들어 봅시다.

오른쪽의 메뉴 중 업로드 항목을 클릭합니다.

파일 업로드 버튼을 클릭해서 나오는 창에서 표지에 쓸 파일을 찾아 클릭하면 화면 아래쪽에 창에 다운로드됩니다.

다운로드 된 파일을 클릭하면 오른쪽 문서에 그림이 올라갑니다.

이제 제목을 넣어 봅시다. 왼쪽의 텍스트 메뉴를 눌러 봅니다.

제목 추가를 클릭합시다.

문서에 '제목 추가'라는 텍스트 상자가 추가됩니다. 텍스트 상자를 클릭하고 동화 제목을 써 봅시다. 그런데 글씨가 너무 커서 줄맞춤이 잘 안 되었습니다. 텍스트 상자를 클릭한 상태에서 문서창의 위쪽 메뉴를 보면 글씨 크기를 조절할 수 있습니다.

56으로 조정하니 줄맞춤이 잘 되었습니다.

아래쪽에 지은이 이름을 넣으면 더 책 같을 것 같습니다. 왼쪽의 텍스트 버튼을 누르고 기본 텍스트 스타일의 부제목 추가 버튼을 클릭합니다.

제목 텍스트 상자 아래에 부제목 추가라는 텍스트 상자가 추가되었습니다. 혹시 위치가 마음에 들지 않는다면 텍스트 상자 아래쪽의 이동 버튼 ⊕을 클릭하여 이동시키면 됩니다.

텍스트 상자를 클릭하고 지은이 "아이 이름"의 형식으로 써 놓습니다.

저는 이 정도로 표지를 마무리하겠습니다.

아래의 페이지 추가 버튼을 클릭합니다.

페이지2가 추가되었습니다.

(마우스 휠 버튼을 움직이거나 브라우저 오른쪽의 스크롤바를 움직이면 다른 페이지로 이동할 수 있습니다.)

동화의 첫 번째 페이지를 만들어 봅시다.

첫 페이지는 강아지와 코끼리가 만나는 장면을 만들어 보겠습니다. 코끼리 그림은 아까 업로드 했으므로 업로드된 그림을 클릭만 하면 됩니다. 그리고 코끼리 그림과 어울릴 만한 강아지의 모습을 업로드 합니다. 강아지를 클릭하면 코끼리 그림과 강아지 그림이 페이지에 추가됩니다.

　강아지가 너무 크고 코끼리와 겹쳐서 가리고 있으니 강아지 그림을 클릭하여 이동 버튼을 누른 뒤 드
래그로 이동시키고 그림의 모서리에 있는 하얀색 동그라미 버튼을 클릭하고 누른 상태로 드래그 하여 강
아지의 크기도 조정합니다.

　다음으로 코끼리 그림을 마우스 오른쪽 버튼으로 클릭합니다.

　나오는 메뉴 중 페이지에 색상 적용 메뉴를 클릭합니다. 그러면 하얀색의 페이지 배경색이 그림과 어
울리는 배경색으로 변화합니다. 보통의 어울리는 색으로 변경되나 페이지의 배경색이 어울리지 않을 경
우 페이지의 배경색을 클릭합니다.

배경을 클릭하면 페이지의 왼쪽 윗부분에 이와 같은 메뉴가 나오고 배경 색상(베이지색의 버튼, 애니메이션 버튼 앞)을 누르면 왼쪽 메뉴에 색깔을 변경할 수 있는 색상이 나옵니다. 페이지의 배경 색상을 여러 가지 색으로 변경할 수 있습니다.

다음으로 페이지에 들어갈 글을 넣어 봅시다. 왼쪽의 텍스트 버튼을 누르고 약간의 본문 텍스트 추가 버튼을 클릭합니다.

텍스트 상자가 추가되었는데 위치가 마음에 들지 않습니다. 텍스트 상자를 이동시킵니다.

텍스트 상자의 내용을 아까 정한 내용으로 바꾸어 봅니다.

페이지 추가 버튼을 눌러 다음 페이지도 이와 같이 만들어 봅니다. 만들면서 동물의 위치 강아지의 이미지와 글의 위치 등을 다양하게 하여 다채로운 느낌이 들게 합니다.

페이지 아래쪽의 그리드뷰 버튼(사각형 4개가 모여 있는 모양)을 누르면 지금까지 만든 페이지들을 한눈에 볼 수 있습니다.

모든 페이지가 완성됐으면 공유 버튼을 눌러 이미지 파일로 바꾸어 봅니다.

다운로드 버튼을 누르고 파일 형식은 PDF 표준 페이지 선택은 모든 페이지로 정하고 다운로드 버튼을 한번 더 클릭합니다.

자동으로 다운로드가 되나 혹시 되지 않았다면 '여기를 클릭하세요'를 클릭합시다.

PDF 파일이 A4크기로 페이지가 저장되어 있기 때문에 컬러 프린트기로 프린트를 해서 직접 책을 만들어 줘도 되고 책 만들기 사이트를 찾아서 책을 만들 수도 있습니다!

**생성 AI로 만든 동화책으로 동영상 만들기**

아까 그린 동화책으로 클로바더빙 앱을 이용하여 간단한 동영상 오디오북을 만들어 봅시다.
클로바더빙의 동영상 기능과 TTS 기능으로 누구나 쉽게 동화책을 동영상으로 만들 수 있습니다.

검색창에 클로바더빙을 검색하고 클릭해서 들어갑니다. 네이버 아이디로 로그인도 합니다.

내 프로젝트 화면이 나오면 새 프로젝트를 클릭하고 컨텐츠 종류를 비디오 프로젝트명을 정해서 생성 버튼을 누릅니다.

이런 화면이 나오면 성공입니다.

PDF/이미지 추가 버튼을 누릅니다. 아까 다운로드 했던 동화책 PDF 파일을 추가합니다.

잠시 파일 업로드 시간이 지나고

이러한 화면이 나오면 성공입니다. 실패했을 경우 PDF 파일이 맞는지 동화책 파일이 맞는지 다시 확인
하길 바랍니다.

아래쪽 타임라인의 빨간색 선 위쪽에 빨간색 타원에 마우스를 올리면 이동할 수 있는 마크가 나오고
그 상태에서 빨간선을 앞쪽으로 드래그 합시다.

빨간선을 드래그하여

가장 앞쪽으로 옮깁니다.

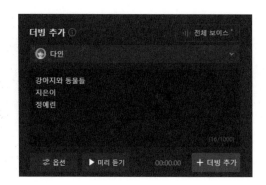

더빙 추가 창으로 가서 목소리를 다인이로 바꾸고 '더빙할 내용을 입력해 주세요'라는 칸에 동화책 제목과 지은이 이름을 씁니다. 이때 줄바꾸기를 하기 위해서 엔터키를 누르면 자동으로 더빙 추가가 되기 때문에 줄바꾸기를 하고 싶으면 키보드 SHIFT 버튼+엔터를 눌러서 줄바꾸기를 해야 합니다. 그리고 목소리 옵션 버튼도 눌러서 목소리 옵션도 변경할 수 있으니 해 보길 바랍니다. 설정이 완료되고 내용도 다 썼다면 더빙 추가 버튼을 누릅니다.

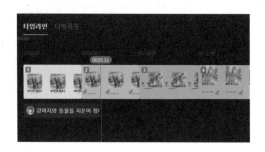

더빙이 추가되었습니다. 그런데 문제가 생겼습니다. 아래쪽의 더빙이 추가된 부분과 위쪽의 동화책의 부분을 잘 보면 1페이지의 내용이 끝나기 전에 더빙이 끝나야 하는데 2페이지가 시작되어서도 아직 더빙이 다 완료되지 않은 겁니다.

더빙의 내용을 줄일 수는 없기 때문에 1페이지가 플레이되는 시간을 늘리면 해결할 수 있습니다.

1페이지와 2페이지의 사이쯤에 마우스를 올리면 마우스 커서가 드래그 가능한 모양으로 바뀌고 양옆으로 드래그 가능합니다. 더빙이 완료되는 시간까지 1페이지의 플레이 시간을 늘려 봅시다.

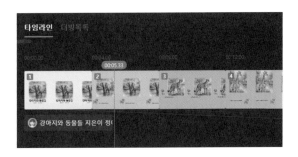

1페이지를 늘려서

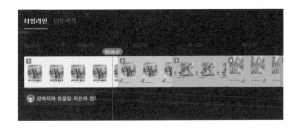

더빙이 끝날 때보다 더 길게 늘립니다.

그러면 표지 화면이 끝나기 전에 더빙이 완료됩니다.

빨간색 선을 페이지 2의 시작점으로 옮깁니다.

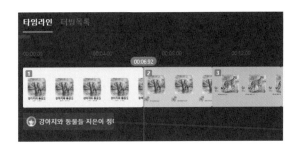

　더빙 추가창으로 가서 1페이지의 대사를 써야 합니다. 그런데 그전에 우리의 동화책의 주인공인 강아지를 위한 효과음이 있어서 효과음도 추가해 보겠습니다.

더빙 추가창의 오른쪽에 있는 효과음 추가창에 개를 들어 보고 + 버튼을 눌러 봅니다.

타임라인에 개 효과음이 추가된 걸 확인할 수 있습니다.

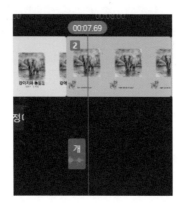

효과음이 추가된 걸 확인했다면 효과음 뒤에 빨간색 선을 이동시키고 더빙 추가에 대사를 씁니다.

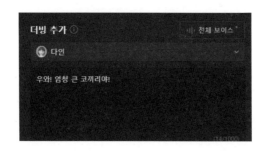

더빙 추가 버튼을 누르고 나면 혹시 이번에도 대사가 끝나기 전에 페이지가 끝나면 페이지 길이를 드래그로 조정하면 됩니다. 이런 식으로 각 페이지의 시작점에 빨간 선을 드래그한 후 더빙 추가를 해 주면 됩니다. 더빙을 추가할 때 각 페이지에 맞는 목소리 옵션을 추가해 주면 훨씬 더 듣기 좋은 오디오북이 완성됩니다.

대사가 있는 페이지마다 대사를 넣어 주고 적절하다고 생각하는 효과음까지 추가했다면

아래쪽이나 그림책 부분에 되감기 버튼을 한 번 눌러서 빨간 선을 시작점으로 보내고 플레이 버튼을 눌러 동영상을 확인합니다.

영상을 다시 보고 고칠 부분을 고치고

프로젝트 저장 버튼을 클릭한 후 다운로드 버튼을 눌러 줍니다.

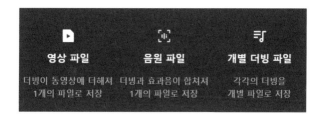

영상 파일을 클릭합니다.

다운로드가 완료되면 플레이해서 아이들과 함께 감상해 봅시다.

**생성 AI로 카드 만들기**

AI로 그린 그림과 CANVA 앱을 이용하여 아이들이 좋아하는 카드를 만들 수 있습니다. 보드게임용 카드와 콜렉터블 카드 무엇이든 만들 수 있습니다.

카드를 만들 때는 크게 2가지의 방법이 있습니다. 두꺼운 종이에 프린트해서 직접 잘라서 사용하는 경우, 빈 카드와 그 크기에 맞는 라벨지를 구입하여 프린트 후 붙이는 경우 저는 두 번째 방법을 선택하겠습니다. 첫 번째 방법을 선택해도 됩니다.

인터넷에서 빈 카드를 검색하면 여러 가지 종류의 빈 카드(프린팅이 되어 있지 않은 카드)를 찾을 수 있습니다. 빈 카드의 사이즈를 확인합시다. 사이즈에 맞는 라벨지 또한 구입하면 됩니다. 이제 만들 카드의 컨셉을 정하겠습니다. 아이들이 좋아하는 원카드 게임을 할 수 있도록 아이들 버전의 트럼프 카드를 만들어 보겠습니다(여러분은 자신이 원하는 어떤 종류의 카드를 구상해도 좋습니다).

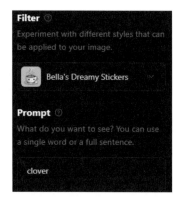

playgroundAI에 들어갑니다. 필터는 bella's dreamy sticker를 고르고 prompt는 클로버(clover)로 선택합니다.

나온 그림 중에 마음에 드는 그림을 선택하여 배경을 지웁니다.

다운로드 하고 나머지 필요한 그림도 똑같은 방식으로 준비합니다.

원카드일 경우 j, q, k가 굳이 필요하지 않음으로 준비하지 않았습니다. 조커의 경우 유명 영화 캐릭터가 나옴으로 조커에 나오는 광대(clown)로 프롬프트를 넣었습니다.

canva로 들어갑니다. 디자인 만들기를 클릭하여 검색창에 A4 가로를 검색하여 문서를 클릭합니다.

다음 오른쪽의 메뉴창의 요소를 선택합니다.

요소를 선택하면 나오는 도형 중 둥근 모서리의 사각형을 선택합니다.

페이지의 도형을 클릭하면 위쪽의 메뉴가 나오는데 색상과 테두리 스타일이 포함된 메뉴가 나와야 합니다. 혹시 나오지 않는다면 도형을 클릭하도록 합니다.

메뉴 중 색상을 선택하여 흰색을 선택합니다.

그러면 도형이 보이지 않게 될 텐데 테두리 스타일을 선택하여 실선을 고릅니다.

다음으로 메뉴 오른쪽의 위치 버튼을 클릭합니다. 빈 카드 크기에 맞게 너비와 세로를 조정합니다.

다시 도형을 클릭하고 마우스 오른쪽 버튼을 누르고 복제를 클릭하여 라벨지 한 장에 스티커 숫자만큼 복사합니다. 저는 10장을 복사하였습니다.

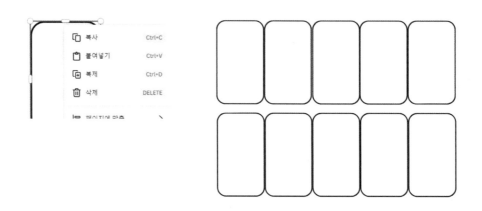

라벨지의 인쇄 상태에 따라 스티커 사이의 간격 등을 확인 또는 측정하여 도형을 배치합니다.

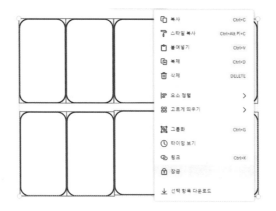

다음으로 도형을 모두 드래그 하고 마우스 오른쪽 버튼을 눌러 잠금을 클릭합니다. 이렇게 하면 이 도형들의 위치와 크기 등이 고정되어 다음 편집을 하기 쉽습니다. 언제든 잠금 해제 버튼을 클릭하여 잠금해제 할 수 있습니다.

다음으로 왼쪽 메뉴의 업로드 항목을 클릭합니다. 아까 저장했던 이미지들을 업로드 합니다. 모두 다 운로드되었다면 이미지를 클릭하고 사이즈를 조절하여 카드 배경에 배치합니다.

나머지 모양도 배치하고 프린트하여 빈 카드에 붙이면 카드가 완성됩니다. 아이들과 카드게임을 해 보세요. 트럼프 카드는 예시일 뿐 아이들과 의견을 나누어서 콜렉팅 카드 등도 충분히 만들 수 있습니다.

생성 AI로 특별한 가족사진 만들기

생성 AI에는 이미지의 일부만 변경하는 기능도 있습니다. 이 기능으로 가족사진을 특별하게 만들 수 있습니다. 아이와 함께한 추억을 특별한 그림으로 바꾸어 봅시다.

가족이 함께 있는 사진을 준비합니다. 이미지 파일의 형식이거나 프린트해서 이미지 파일로 만들면 됩니다.

playgroundAI로 들어갑니다.

왼쪽 아래의 Image to Image 탭의 ⊕ 버튼을 클릭합니다.

클릭하고 나면 이미지를 선택할 수 있습니다.

이미지를 선택하고 나서 Image to Image의 아래쪽에 이미지 스트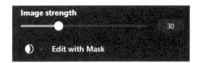
렝스와 Edit with Mask가 생겼을 겁니다.

Edit with Mask를 클릭하면

이렇게 사진이 가운데로 가고 처음 보는 ui가 생깁니다.

Edit Instruction은 변화시키고 싶은 이미지를 프롬프트 형식으로
말하면 됩니다. 저는 가족사진을 해병대로 변경시키고 싶어서 'white
marines with marine Cap'라고 썼습니다.

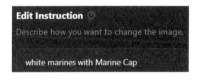

다음으로 이미지 아래쪽의 Mask controls를 보면 🌙가 클릭되어 있
는데 이 상태에서 이미지의 변경시키고 싶은 부분을 클릭하고 드래
그 하면 붉은색으로 표시됩니다. 변경시키고 싶은 모든 부분을 붉은
색으로 표시합니다. 만약 잘못 클릭하면 🧽 버튼을 누르고 잘못 그려
진 부분을 클릭하면 붉은색이 지워집니다. 옆의 숫자는 그리거나 지
우는 붓의 크기를 지정하는 것으로 적절한 크기로 지정하면 됩니다.

변경할 부분을 칠했다면 아래쪽의 Generate 버튼을 클릭합니다.

그전에 오른쪽의 Private Session을 반드시 활성화해야 합니다. 가족의 사진이 공유되어서는 안 되지요!
아래와 같이 활성화하세요.

오른쪽에 이미지가 나올 것입니다. 마음에 안 든다면 마음에 들 때까지 generate하면 됩니다!

만족하는 그림이 나왔다면 오른쪽 위에 Save Changes를 누릅시다. 이제 그림 위에 마우스를 옮기면 다운로드 버튼이 생기고 다운로드 하면 됩니다!

유명만화나 영화 캐릭터의 모습으로도 바꿀 수 있습니다.

생성 AI로 나만의 아바타 만들기

d-id사이트에서 생성 AI 기술을 통해 아바타를 만들 수 있습니다. 아이와 함께 아바타의 모습을 결정해서 나만의 아바타를 만들어 봅시다.

💡 이 활동에서도 아바타의 이미지를 생성합니다. 아이가 직접 생성하게 해서는 안 되고 보호자가 먼저 생성해 보고 확인 후 보여 주도록 합니다.

검색창에 D-ID를 검색합니다.

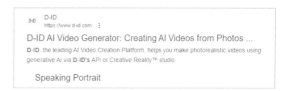

클릭하여 D-ID.com에 들어갑니다.

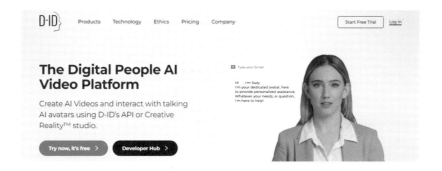

오른쪽 위의 log in 버튼이나 start free trial 버튼을 클릭합니다.

왼쪽 아래쪽의 guest 버튼을 클릭합니다.

나오는 창의 아래쪽의 login/signup 버튼을 클릭하면 continue
with google 버튼을 클릭하여 구글 아이디로 로그인할 수 있습니다.

정상적으로 로그인이 되었다면 아까 게스트라고 써져 있던 부분에 이름과 20 credits left라는 글이 나
옵니다. 안타깝게도 이 사이트에서는 무료로 20크레딧 분량의 아바타 대화밖에 만들지 못합니다. 하지
만 아바타를 만드는 것을 실습하는 것은 충분합니다. 마음에 든다면 추후 결제로 이용하면 됩니다.

왼쪽 구석의 create video 버튼을 클릭합니다. CREATE VIDEO

위와 같은 화면이 나오면 큰 화면에 사람의 아래쪽의 Generate AI persenter를 클릭합니다.

클릭하면 아까의 실사 인물이 아닌 아바타들이 나옵니다.

그리고 아바타의 위쪽에 생긴 텍스트 창에 원하는 아바타의 프롬프트를 넣어 나만의 아바타를 만들 수 있습니다.

A portrait of    Click here for inspiration, or describe the presenter you'd li...    Generate

텍스트를 클릭하면 추천하는 프롬프트가 나옵니다. 저는 추천 프롬프트를 이용하지 않고 간단한 단어를 사용하여 만들겠습니다. 해적이 제 아바타가 되면 좋겠습니다. Pirate를 텍스트 창에 입력합니다.

💡 이미지 생성 결과는 보호자가 확인하고 아이에게 보여 줍시다.

텍스트창에 프롬프트를 입력했다면 오른쪽의 Generate 버튼을 클릭하여 만들어 봅시다.

A portrait of    pirate                                    **Generate**

텍스트창의 아래쪽에 4개의 그림이 그려져서 나옵니다. 마음에 안 든다면 다시 만들어 봅시다. 얼굴이 감지되지 않는다면 다른 프롬프트를 사용하여야 할 수도 있습니다.

나온 이미지 중에서 마음에 드는 이미지를 선택하여 클릭합니다.

아래쪽의 아바타 선택창에서 방금 만든 해적을 클릭합니다.

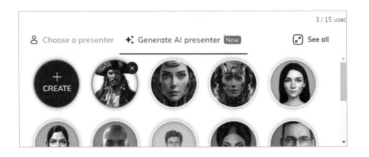

멋진 해적이 화면 가운데에 나타났을 겁니다. 아바타 창 오른쪽을 확인합니다.
script의 아래쪽 텍스트창에서는 아바타가 할 말을 적습니다.

텍스트창 아래쪽에서 language와 voices를 선택할 수 있습니다.

language는 korean으로 voices는 BongJin으로 선택하였습니다.
그리고 language창 위의 listen 버튼으로 말을 들어 봅시다.

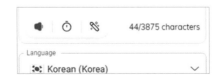

listen 오른쪽의 시계버튼을 클릭하면 음표의 쉼표와 같이 잠시 말을 멈출 수도 있습니다. 더 오른쪽의 마술봉을 클릭하면 AI가 아바타의 대화를 만들어 주기도 합니다.

들어 본 아바타의 대화가 마음에 든다면 오른쪽 위의 Generate video를 클릭합니다.

이와 같은 화면이 나옵니다. 비디오 길이는 7초 credits는 1을 사용한다고 합니다. GENERATE 버튼을 클릭합니다. 잠시 시간이 지나면 위와 같이 동영상이 제작됩니다. 클릭하여 아바타 동영상을 봅시다.

영상을 보고 아래쪽의 DOWNLOAD 버튼을 눌러 영상을 저장할 수도 있습니다.

아이들과 더 많은 아바타를 만들어 봅시다.

# 아이와 함께
# 생성형 AI

ⓒ 정훈탁, 2024

초판 1쇄 발행 2024년 1월 25일

지은이      정훈탁
펴낸이      이기봉
편집        좋은땅 편집팀
펴낸곳      도서출판 좋은땅
주소        서울특별시 마포구 양화로12길 26 지월드빌딩 (서교동 395-7)
전화        02)374-8616~7
팩스        02)374-8614
이메일      gworldbook@naver.com
홈페이지    www.g-world.co.kr

ISBN    979-11-388-2695-2 (03000)